VENTE APRÈS DÉCÈS

HOTEL DROUOT, SALLE N° **1**

LE MERCREDI 11 MARS 1891

à 2 heures

ATELIER

Eugène CICERI

EXPOSITION PUBLIQUE

LE MARDI 10 MARS 1891

De 2 heures à 5 heures 1/2.

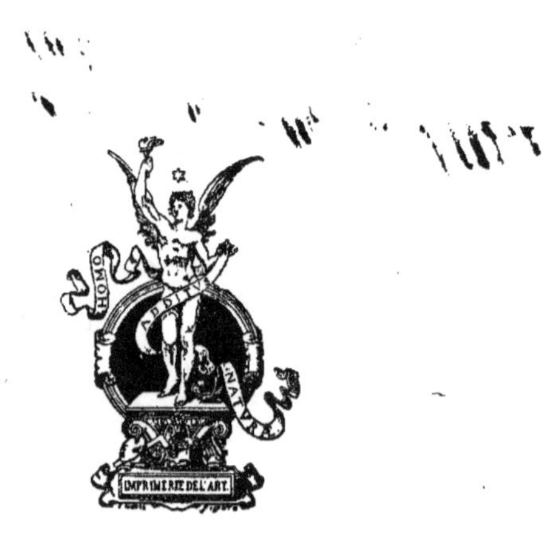
HOMO
NATVRA
IMPRIMERIE DE L'ART

CATALOGUE

DES

TABLEAUX

Aquarelles, Fusains & Dessins

PAR FEU

EUGÈNE CICERI

ET DES

TABLEAUX, AQUARELLES & DESSINS

par

Adan, Boudin, Decamps, A. de Dreux, Géricault,
Harpignies, Hervier, Hildebrand,
Hoguet, Jongkind, Isabey, Mathey, Puvis de Chavannes, de Penne, Pils,
Ph. Rousseau, Voillemot, etc., etc.

ET DE

MINIATURES

PAR

ISABEY Père & HOUSSAYE

Garnissant l'atelier de E. Ciceri

DONT LA VENTE AURA LIEU PAR SUITE DE SON DÉCÈS

HOTEL DROUOT, SALLE N° 1

Le Mercredi 11 Mars 1891

à 2 heures précises

Par le Ministère de Me **LÉON TUAL**, commissaire-priseur

56, rue de la Victoire, 56

Assisté de **M. S. MAYER**, expert

5, rue Laffitte, 5

Chez lesquels se distribue le Catalogue.

EXPOSITION PUBLIQUE

Le Mardi 10 Mars 1891, de 2 heures à 5 heures 1/2

CONDITIONS DE LA VENTE

La vente sera faite au comptant.

Les acquéreurs payeront, en sus de leur adjudication, *cinq pour cent* applicables aux frais.

Paris. — Imp. de l'Art, É. Ménard et Cⁱᵉ, 41, rue de la Victoire.

DÉSIGNATION

OEuvres d'Eugène Ciceri

TABLEAUX

1 — *Les Invalides.*

2 — *Vaches en prairie.*

3 — *Ile des Ravageurs (Asnières).*

4 — *Forge.*

5 — *Torrent dans l'Isère.*

6 — *Forêt de Fontainebleau.*

7 — *Bouleaux en forêt.*

8 — *Falaises.*

9 — *Chevaux à l'abreuvoir.*

10 — *En forêt.*

11 — *La Seine, à Meudon.*

12 — *Cour de ferme, à Cayeux.*

13 — *Laveuses, à Deauville.*

14 — *La Gennevraye (effet de neige).*

15 — *Cabines, à Courseulles.*

16 — *Paysage.*

17 — *Chemin en forêt.*

18 — *Laveuses.*

19 — *Montigny.*

20 — *Forêt de Fontainebleau.*

21 — *Bords de rivière.*

22 — *Printemps.*

23 — *Automne.*

24 — *Le Soir.*

EUGÈNE CICERI

AQUARELLES

36 — *Retour de la pêche.*

37 — *La Seine, à Maisons-Alfort.*

38 — *Le Lunain (soleil couchant).*

39 — *Entrée de Marlotte.*

40 — *Aux Chapelottes.*

41 — *Paysage.* Sépia.

42 — *Paysage.* Sépia.

43 — *Paysage.* Sépia.

44 — *Paysage.* Sépia.

EUGÈNE CICERI

FUSAINS

56 — *Intérieur de forge, à Arcueil.*

57 — *Bords de la Marne (effet de neige).*

58 — *Bords de l'Ain.*

59 — *Montigny (effet de neige).*

60 — *Le Bois mort (effet de neige).*

61 — *Passerelle (effet de neige).*

62 — *Bords du Loing.*

63 — *Un Coin de la mare de Franchard.*

64 — *La Route des Longs Rochers.*

DESSINS

65 — *Le Loing, à Montigny.*

66 — *Vlard (Côte-d'Or).*

67 — *La Mare des Sauts (Seine-et-Oise).*

68 — *Granges de Vesvres (Côte-d'Or).*

69 — *Le Loing, à Épisy (Seine-et-Marne).*

70 — *Le Ruisseau, à Cugny (Seine-et-Marne).*

71 — *Entrée de Vlard (Côte-d'Or).*

72 — *La Garderie, à Sorques (Seine-et-Oise).*

73 — *Bords de la Bièvre.*

74 — *Une Ferme aux Granges de Vesvres.*

75 — *Route du Raincy.*

76 — *La Seine, à Port-Marly.*

77 — *L'Abreuvoir, à Montigny.*

78 — *Marée basse, à Dieppe.*

79 — *Maison de garde, à Poigny.*

80 — Album de croquis, d'après nature.

81 — Album de croquis, d'après nature.

82 — Album de croquis, d'après nature.

83 — Album de croquis, d'après nature.

83 *bis* — Album de croquis, d'après nature.

AQUARELLES, ÉTUDES, TABLEAUX

par divers, garnissant l'atelier de Ciceri

---

84 — **Andrieux.** *Saltimbanques.* Aquarelle.

85 — **Beaumont (E. de.).** *Femme.*
Gallais. *Femme.* Un cadre. Aquarelle.

86 — **Boulanger (Louis).** *Grue aux bords de la Seine.* Peinture.

87 — **Decamps.** *Le Retour.* Sépia.

88 — **Dreux (Alfred de).** *Cheval de course.* Esquisse à l'aquarelle.

89 — **Francia père.** *Paysage.* Aquarelle.

90 — **Gallais.** *Femme et Enfant.* Aquarelle.

91 — **Girard.** *Chevaux.* Peinture.

92 — **Haguemann (de).** *Paysage.* Peinture.

93 — **Harpignies.** *Paysage.* Aquarelle.

94 — **Harpignies**. *Paysage*. Aquarelle.

95 — **Hervier**. *Animaux*. Peinture.

96 — **Hervier**. *Paysage*. Aquarelle.

97 — **Hervier**: *Intérieur d'école*. Aquarelle.

98 — **Hervier**. *Paysage*. Aquarelle.

99 — **Hervier**. *Marine*. Aquarelle.

100 — **Hervier**. *Marine*. Aquarelle.

101 — **Hervier**. *Maisons bretonnes*. Aquarelle.

102 — **Hildebrand**. *Femme et Enfant*. Peinture.

103 — **Hildebrand**. *Vieilles Maisons*. Aquarelle.

104 — **Hoguet (Ch.)**. *Vue de Bretagne*. Peinture.

105 — **Hoguet (Ch.)**. *Chez la Mère Marianne*. Peinture.

106 — **Hoguet** (**Ch.**). *Marine*. Peinture.

107 — **Hoguet** (**Ch.**). *Femme à la cuisine*. Aquarelle.

108 — **Hoguet** (**Ch.**) *Femme assise*. Aquarelle.

109 — **Hoguet** (**Ch.**). *Marine*. Aquarelle.

110 — **Hoguet** (**Ch.**). *Marine*. Aquarelle.

111 — **Hoguet** (**Ch.**). *Marine*. Aquarelle.

112 — **Johannot** (**Tony**). *Les Jouets*. Sépia.

113 — **Jonkind.** *Paysage*. Peinture.

113 *bis* — **Jonkind.** *Bords de rivière*. Peinture.

114 — **Jonkind.** *Paysage*. Aquarelle.

115 — **Jonkind.** *Moulins en Hollande*. Aquarelle.

116 — **Isabey** (**Eug.**). *Pêcheurs en mer*. Peinture.

117 — **Isabey** (**Eug.**). *Ville maritime*. Peinture.

118 — **Isabey** (**Eug.**). *Combat naval*. Peinture.

119 — **Isabey (Eug.).** *Barque à terre.* Peinture.

120 — **Isabey (Eug.).** *Son portrait.* Peinture.

121 — **Isabey (Eug.).** *Paysage.* Peinture.

122 — **Isabey (Eug.).** *Marine.* Peinture.

123 — **Isabey (Eug.).** *Marine.* Peinture.

124 — **Isabey (Eug.).** *Marine.* Peinture.

125 — **Isabey (Eug.).** *Moulins en Hollande.* Aquarelle.

126 — **Isabey (Eug.).** *Paysage.* Croquis.

127 — **Isabey (Eug.).** *Dessous de bois.* Croquis.

128 — **Isabey (Eug.).** *Rue à Morlaix.* Croquis.

129 — **Inconnu.** *Intérieur d'église.* Aquarelle.

130 — **Inconnu.** *Paysage (école anglaise).* Peinture.

131 — **Inconnu.** *Village.* Peinture.

132 — **Inconnu.** *Vieux Rouen.* Aquarelle.

133 — **Leleu**. *Scène bretonne*. Peinture.

134 — **Pasini**. *Falaises* (étude). Peinture.

135 — **Reynolds**. *Portrait*. Aquarelle.

136 — **Rousseau (Ph.)**. *Paysage*. Peinture.

137 — **Rousseau (Ph.)**. *Poissons*. Peinture.

138 — **Trancart**. *Paysage*. Peinture.

139 — **Trancart**. *Paysage*. Peinture.

140 — **Voillemot**. *Bacchante*. Peinture.

---

141 — **Adan (Émile)**. Étude.

142 — **Boudin**. *Sur la plage de Trouville*. Aquarelle.

143 — **Chaperon (Ph.)**. Projet de décoration. Aquarelle.

144 — **Galland (P. V.)**. Étude pour la peinture murale du Panthéon. Dessin.

145 — **Gérôme**. Dessin.

146 — **Mathey**. *La Plage à Grandcamp*. Peinture.

147 — **Puvis de Chavannes**. Étude d'homme. Croquis.

148 — **Penne (O. de)**. Étude de chiens. Aquarelle.

149 — **Rubé (A.)**. Projet de décoration. Aquarelle.

150 — **Saint-Marcel**. *Tigre dévorant une biche*. Dessin.

DESSINS ET CROQUIS
par divers

151 — **Benoît (Ph.)**. Deux dessins.

152 — **Corot**. *Paysage*. Dessin.

153 — **Couture**. *Dieu du jour*. Dessin.

154 — **Dreux (Alfred de)**. *Chevaux*. Deux dessins.

155 — **Dupré (Jules)**. Deux croquis.

156 — **Gavarni**. Trois dessins.

157 — **Géricault**. *La Fortune*. Dessin.

158 — **Giraud (Eug.)**. Deux croquis.

159 — **Morel Fatio**. *Marine*. Croquis.

160 — **Pils**. *Femmes en prière*. Croquis.

161 — **Troyon**. *Berger et moutons*. Croquis.

162 — **Divers**. Album d'environ 150 croquis.

163 — Sous ce numéro seront vendues des lithographies anciennes et modernes, estampes, etc., sur les anciennes provinces de France. (La plupart épreuves d'artiste.)

MINIATURES

164 — **Isabey (J. B.)**. *Portrait de Ciceri père, décorateur*. Miniature.

165 — **Houssaye**. *Portrait d'une fille d'Isabey*. Miniature.